如何管理时间

精要主义执行手册

［美］史蒂芬·柯维 著

十分钟日志

图书在版编目(CIP)数据

如何管理时间:十分钟日志·精要主义执行手册/(美)史蒂芬·柯维著;麦丽斯译.—北京:中国青年出版社,2017.4
书名原文:A Time Conscious Life
ISBN 978-7-5153-4448-5

Ⅰ.①如… Ⅱ.①史…②麦… Ⅲ.①时间—管理 Ⅳ.①C935

中国版本图书馆CIP数据核字(2017)第042579号

A TIME CONSCIOUS LIFE by Stephen R. Covey.
Copyright © 2016 FranklinCovey Co.
Franklin Covey and the FC Logo and trademarks are trade-marks of FranklinCovey Co.
and their use is by permission.
Simplified Chinese translation copyright © 2017 by China Youth Press.
All rights Reserved.

如何管理时间:
十分钟日志·精要主义执行手册

作　　者:	[美]史蒂芬·柯维
译　　者:	麦丽斯
责任编辑:	周　红
美术编辑:	李　甦
出　　版:	中国青年出版社
发　　行:	北京中青文化传媒有限公司
电　　话:	010-65518035/65516873
公司网址:	www.cyb.com.cn
购书网址:	zqwts.tmall.com
印　　刷:	河北华商印刷有限公司
版　　次:	2017年4月第1版
印　　次:	2020年5月第4次印刷
开　　本:	880×1230　1/32
字　　数:	83.5千字
印　　张:	4.5
京权图字:	01-2016-1086
书　　号:	ISBN 978-7-5153-4448-5
定　　价:	29.80元

版权声明

未经出版人事先书面许可,对本出版物的任何部分不得以任何方式或途径复制或传播,包括但不限于复印、录制、录音,或通过任何数据库、在线信息、数字化产品或可检索的系统。

中青版图书,版权所有,盗版必究

目录

A Time Conscious Life

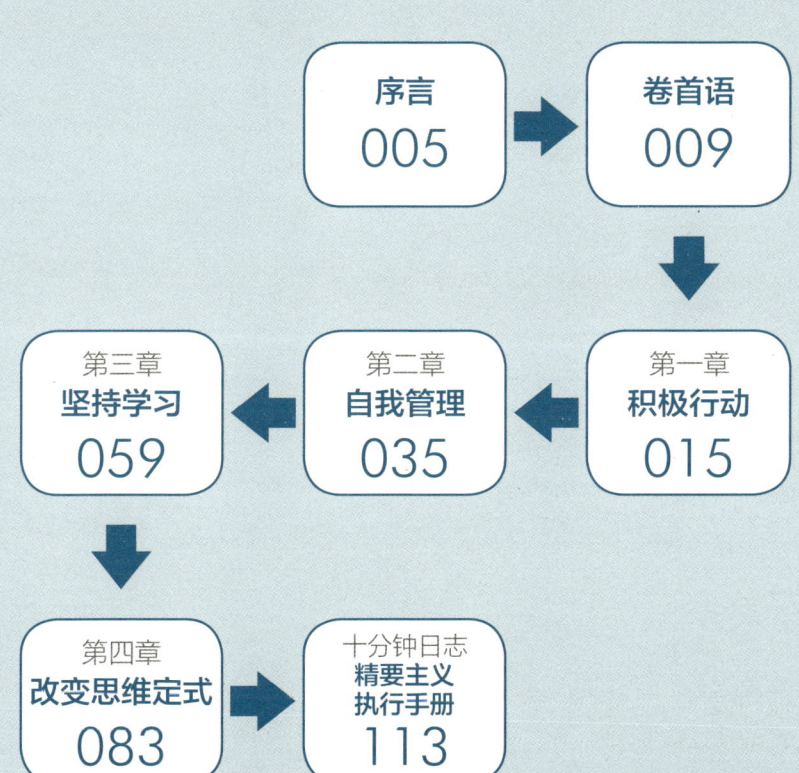

序言 005 → 卷首语 009

第一章 积极行动 015

第二章 自我管理 035

第三章 坚持学习 059

第四章 改变思维定式 083

十分钟日志 精要主义 执行手册 113

序言

A Time Conscious Life

　　史蒂芬·柯维是一位伟大的人生导师。

　　这早已不是秘密，为无数人所认同。但实际上，史蒂芬·柯维首先是一个优秀的学生，然后才成为人生导师，人们对此却并不太理解。史蒂芬·柯维博士不是一出生就成为博士的。他也曾只是个孩子，不会在一场喧闹的踢球游戏中，跟小伙伴们传授"统合综效"的原则。长大后，也不会在准备美餐一顿的下午点心时间，教导朋友们"要事第一"。这些假设很有趣，但传达出了事实。

　　史蒂芬·柯维博士关注自己所处的世界，他会提出问题，学习新知识，如果找到了帮助他改进的知识或原则，就会发自内心地开心并积极吸收。你可以从《高效能人士的七个习惯》中读到这一点。人们一直在问："怎么做到的？您是怎么想出'七个习惯'的？"

　　听到这个问题，柯维博士常常淡然一笑，

略微思考后，用不容置疑的语气说："不是我想到的。"任何一个提问的人听到这个答案，都会理所当然地感到困惑。但是柯维博士会在接下来的问题提出之前先给出答案。

"我写了这本书，"他继续说道，"但是这些原则是早在我之前就已经广为人知的。它们更像是自然规律。我所做的不过是把这些原则加以归纳总结，呈现给人们。"

与人们的谈话场合，就是柯维博士授课的课堂。当你见到柯维博士时，他会用真诚的握手和亲切的态度欢迎你。无论你是他的家人、挚友还是熟人，甚至你只是偶然遇到他，都可以花几个小时跟他进行有意义的谈话，讨论家庭、朋友、工作和人生。

柯维博士分享的原则，历久弥新，拥有显著的现实意义。对于《高效能人士的七个习惯》里呈现的原则，他花了30多年时间研究、实践和完善，而且不断试着教授这些原则，让原则更容易理解和用于实践。

因为他明白，世界从未如此广阔，下一代人面临的是前所未有的机遇。但是世界又从未如此之小，科技把我们联系在一起，这种联系既强大又具危险性。我们指尖下的知识数量不可估量。信息量庞大，导致分辨对错变得更加困难。

你在跟这个世界联系时，会提出什么问题？总会有一些常见的问题浮现在脑海，比如："为什么他会在侧边车道开得这么慢？"这样的问题似乎被问过很多次了，尤其是在清晨和傍晚时分。

而父母也时常会很自然地问："你在想什么呢？"

这些问题往往琐屑而又普通，不值得耗费过多心思，而且它们的答案往往无聊甚至恼人。而以下问题，则需要人们常常思考：

- 为了继续学习，你会提出什么问题？

- 提出正确的问题，你能得到什么知识？

- 吸收你发现的知识能让你做出什么改变？

- 让这些变化成为你真实性格的一部分，需要什么原则？

没有原则就不能实现高效能，没有品德就不会有原则。如果不从问题起步就无法形成品德。

史蒂芬·柯维博士于2012年逝世。但是他的那些闪光的思想和智慧永远不会停止为人们传授原则的脚步。

A Time Conscious Life

本书汇总了柯维博士关于有意识管理时间这个话题的思想精华。

柯维博士相信，如果世上的每个人都按照"七个习惯"生活，世界将变得更加美好。吉姆·柯林斯也曾说过，"没有人会永垂不朽，但是书籍和思想永存。"

我们希望，当你随着这些文字探究其中，会发现其中所蕴含的信息不仅是一门简单的课程。

我们还希望，柯维博士多年前用心打磨传递的信息，会引起你、你的朋友以及家人的共鸣。

——史蒂芬·柯维博士的同事

卷首语 A Time Conscious Life

> 时间是人所共有的资产,
> 而且每个人的数量相同。
> ——史蒂芬·柯维博士

时间是一位和蔼可亲的朋友。同样,

也可能变成破门而入面目狰狞的仇人。

每一天,时间都给每个人分配24小时。

无论你的年龄、财富,以及是否对这24小时有所规划,

时间都会免费发放到位。

波尼不认为时间是朋友。她每天与时间斗争,与时间角力。

日复一日,她总想着打败时间。

波尼日理万机。没人敢搅扰她的繁忙。"忙

010

A Time Conscious Life

碌"成为她引以为豪的奖章，代表着个人价值。

但是当一天结束，波尼在等待新的24小时来临，她有了反思：

之前的24小时我做过什么？

"我清楚自己很忙，"她想道，"但我实际上做了些什么呢？"

亟待完成的事情，有待继续的事情，

这两件事情像是身体上令人窒息的肥肉，让波尼背负着负罪感。

她发誓要好好工作，打败时间，然后继续疲惫地在忙碌的状态里驰骋。

她会在24小时里给自己增加更多的事情。

又一个夜晚降临，波尼耐性全无地等着新的24小时降临。

她依旧思考今天完成了什么事情。

"我清楚自己很忙，"她又一次想道，"但我实际上做了些什么呢？"

波尼感到灰心丧气。想着把"忙碌"这个标签从自我价值上撕下来，

但是什么能代替它呢？如果她不再忙了，无疑就是个失败者。

改变迫在眉睫。时间又一次降临在波尼身边，分配给她24小时，

波尼深吸一口气，扪心自问：

"我能做出哪些改变？今天该做些什么，才能改变利用时间的方式？"

波尼并不是个例。很多人都曾在这条名为繁忙的高速路上痴狂行驶，

把"忙碌"的徽章磨得发亮，如今正停止奔忙，驶离公路，

问自己：有没有更好的选择？

这个问题没有正确答案。因为答案对每个人来说都是独一无二的。

而且不一定所有人都能找到答案。

012　A Time Conscious Life

史蒂芬·柯维保证过：

"你可以主宰自己的人生：鼓舞人心、互相信任和乐于奉献的人生。"

但是要主宰人生，首先必须掌控自己的时间——每一天的24小时。

生命由时间构成，二者缺一不可。

柯维博士问过：

你有没有在开车时忙到没有时间加油？锯木头时忙到没有时间磨锯子？

我们不需要更多的时间。我们拥有足够的时间。

每个人的时间都一样多。

我们需要的，是按照首要目标和计划来规划时间，而不是任由客观条件支配。

我们总会有时间，总会找到时间去做真正重要的事情。

你可以像波尼那样得到时间的馈赠，然后问：

今天我做什么才会影响分配时间的方式？

之后就会发生奇迹。你可以过上刻意规划时间的生活，然后：

- 花时间去生活；
- 花时间去爱；
- 花时间去学习；
- 这之后，花时间创造财富。

这不是一本仅供阅读的书，而是一本用于践行与体验的书。

本书所传递的信息强而有力、简明实用、操作性强。

结合引言、实例和插图等多种方式，呈现给你。

书中的"十分钟日志"，精心设计了问题与练习，配合自我检查，测验读者对所读内容的了解度，让你能真正应用所学的方法和技巧。

如果你想把读到的思想智慧精华付诸行动，创造性设计的"精要主义执行手册"，会帮助你，

通过抛出回顾性的问题，为你提供开辟新路的工具，克服惰性，体验时间规划，实现预期的改变，过更合理

的生活，打造最强、最棒的自己！

　　这不是一本仅供阅读的励志书，而是一本用于践行与体验的时间管理书。引导你了解如何生活、爱、学习和留下宝贵财富的自我管理原则，过上刻意掌控时间的生活。

　　请充分、尽情利用每一页！开始行动吧。

A Time
Conscious
Life

1

积极行动

可悲的是，我们独特的贡献常常无法实现，

因为生命中重要的"要事"会被其他要紧的事遏制。

因此，一些重要的工作永远没有机会开始或结束。

我的好朋友，艾伦·欧尼尔，曾经告诉我一个"十分钟日志"的方法。

这种刻意规划时间的哲学正是我想跟你分享的。

几年前，艾伦有种四分五裂的感觉。

他开始用冥想和其他一些方法克服脑海里飞快闪现的对话，

跟内在的自己沟通。

虽然他有意尝试并且付出了许多努力，但是坦白地讲，这种沟通很难实现。

所以他选择去山上进行为期三天的野外探险。

018 | A Time Conscious Life

他还准备辟谷("辟谷"源自道家养生中的"不食五谷",是古人常用的一种养生方式——译者注)。

随身带着水、睡袋和日志,仅此而已。

开始行进不过10分钟,他就得到了第一个心得。

他听到附近有响尾蛇的声音,然后发现离自己脚边1米多远的地方有一条蛇正准备袭击他的拐杖。

那一刻恐惧顷刻间袭来。

但是很快他想到这次旅行应该是教会他认知和成长的一课,

因此他试着克服恐惧感并从中学习。

那条蛇盘绕在距他不远处的树枝上。

艾伦静静地站着,盯着蛇,他突然间切换到了一种强大的模式。

似乎他已经在和那条蛇沟通，全身上下只能感受到当下正在发生的事情。

蛇已经不再值得害怕，而是与自然融为一体。

艾伦感受到其中的美，开始思考：

"如果我能接受这条蛇身上的美，我对自己还有什么可怕的、不能接受的呢？"

他也意识到人人平等，对未知的恐惧将会导致对事情产生偏见。

他开始更好地理解了天人合一，万物皆有灵性。

与蛇之间的这一轶事教会了我不要害怕。

我以前也曾和你一样，内心藏着很多经过伪装的恐惧——从公众演讲到跟令人不快的投资人打交道，或者跟依仗权势的人来往。

A Time Conscious Life

然而，我很诚实地讲，如今在工作中已经没有什么能让我感到害怕的事情了。

我的回应完全变了。

在那一天，不光是与蛇的偶遇启迪了艾伦和我们。

落日的余晖教会他，这种风光不仅向他绽放也向别人绽放。

如果我们抱以包容，别人也会愿意向我们敞开心扉。

我们的反应确实会带来改变。

我发现有时候你要学会暴露自己的脆弱，而且不要担心人们会因此认为你失去理性了。

自然和时间不断教授我们新的知识。

暴风骤雨教会我们身陷其中要保持平静。

七星瓢虫教会我们，每个人都是特别的存在，每个人都发挥着重要作用。

蛇、落日、风暴和七星瓢虫，都有各自的职责，更重要的是，

它们的生命都焕发光彩。

我相信一个人的品德会比能力更重要，

也就是一个人的为人比能做什么更重要。

显然，两样都重要，但是品德是基础。

其他所有的一切都以此为根基。

即使是最好的构造、系统、品位和技能，都不能完全弥补品德上的缺失。

022 | A Time Conscious Life

第一章
积极行动

如果你没有选好自己的动机，
就不能真正地选对
你的人生。

人们所做的每件事都源于动机和动力，
这是我们最深层次的
欲望之根本。

我们都过着三重生活：公共生活、个人生活和私密生活。

公共生活中，同事、熟人和身处影响圈的其他人都会观察我们的一言一行。

个人生活中，我们跟配偶、家人和好友会更亲密地交流。

私密生活，是另外两种生活的一部分。

私密生活是心之所处，隐藏着你真正的动机，人生的终极欲望。

积极主动，不仅意味着要采取主动措施，**还意味着我们要对自己的人生负责。**

我们意识到,责任意味着选择回应的能力。

我们不能因为自己的行为而责怪环境、外界或条件的制约。

我们的行为是选择的产物,选择是依据原则做出的;行为不是状态的产物,状态是基于感受表现出来的。

026
A Time Conscious Life

第一章
积极行动

如果人们活在记忆里,
就会被过去束缚;
如果人们活在
想象里,
就会创造出机会。

028　A Time Conscious Life

大多数人都生活在一个谎言中，

认为他们可以偷偷地、不被人发现地做出不明智的举动，

而且这样还不会影响他们的工作或家庭。

那就是活在谎言里。

这种谎言的解释方法层出不穷。

我发现以下三个方法在自我肯定的过程中很有帮助。

使用放松这个技能培养肯定的感觉。

自我肯定会在每天忙碌的生活中达成很多高效的结果。

头脑和身体必须慢下来。

使用重复自我肯定来确保成功。

如果你想通过自我肯定做出改变，或者做好应对未

来的准备，

就要一遍一遍重复自我肯定这个过程。

说出来，看到它，感受到它。

让它成为你的一部分。而不是活在父母、朋友、社会或外界给你写好的剧本里。

你在自己做决定，你在按照自我价值观体系规划新生活的剧本。

使用想象和具象化的方法见证改变。

在任何一种自我肯定的形式中，你通过想象看到越多细节，这些细节就会越加清晰和生动，包括颜色、质感、味道、声音、时间、地点……

如果你不再把自我肯定当作场外观众，就会越加感到它是场上队友。

030 | A Time Conscious Life

大多数人都粗心地忽略了想象的力量。

我们大多按照记忆生活,很少按照想象生活。

开始改善自己吧。欣赏所处的环境,然后加以分析。

我们为什么要像现在这样做事和表现?

分析我们在与他人关系中发生了什么,从而努力达到客观。

问自己:

我们是高效能的吗?

我们是低效能的吗?

然后做出计划,采取积极行动。

施以积极行动后,思考这种行为。

再次做出计划,然后行动。

再次思考。

这种连续的自我教育过程,会引导你明智地和自己对话,

跟内心交流,

然后理解并接纳自己。

032 | A Time Conscious Life

然而我们必须从优秀的例子中吸取经验，树立
最远大的目标。

要时常在头脑中回想，
我们必须拿自己
和自己比较。

我们不能总因为别人的进步，而内心随之自私地悲喜起伏。
我们可以只
关注自己。

我们需要自尊，自尊就是诚实面对自己，就是无论我们如何表现、观点怎样，都依然爱自己、尊重自己。

摄影师杜威特·琼斯曾帮助我理解视角和时间如何"携手合作"。

要找到富有创造性的解决之道，你会采用什么视角看待问题？

就像如果我没有采用正确的视角切入，我就没机会看到卓尔不群的景色。

我的余生都在使用杜威特教给我的这个道理。

生意场上、跟社区成员和家人相处时，我总会扪心自问：

"我的视角用得对吗？我的观点对吗？"

A Time
Conscious
Life

2

自我管理

036 | A Time Conscious Life

如果我们对待别人时，
多一点爱、和善、
礼貌、谦虚、
耐心和宽容，
我们就是在鼓励对方以相同的态度回应。

我们如何跟自己相处，既会影响自己与他人的关系，

也会受到跟别人相处方式的影响；

反过来，我们跟别人的关系是基于我们跟自己的关系。

我们跟别人友好相处的能力，会从我们跟自己的相处中自然而然地表现出来，从我们内在的平静与和谐中流露出来。

例如，想要跟伴侣或客户获得更亲密的关系，

我们可能会在态度和行为中做出改变。

当我更加喜欢和尊重自己时，我发现喜欢和尊重别人也更容易了。

我活得更加自在。

不再处处设防，而是用更加开放和尊重的态度对待别人。

家长们要有智慧，

客观地看清情况，不要过度反应或放弃自己。

最好是安静地呆在一边，收起拳头，常常微笑，无条件地爱。

他们应该在墙上、镜子上、手臂上和心里记下：

"她现在发展平稳。"

"这个难关也会渡过的。"

"不要把这个问题当作是人品的问题。"

"打骂解决不了问题。"

如果父母能够不断给予肯定，坚持不懈、真实而忠诚，

如果他们给每个家庭成员做出彼此依赖的榜样，

无条件地爱每个家人，

那么，家里的每一位成员就会意识到这种无条件的爱源自哪里。

040 | A Time Conscious Life

我们可以学会不受侵犯。

我们可以基于诚实对待基本原则，
培养自己的内在安全感。

这样，我们才能在没有得到爱的时候去
爱 别人；
没有得到友善对待的时候
友善 对待别人；
没有得到耐心呵护的时候耐心
呵护 别人。

042 | A Time Conscious Life

> 我们在一段关系中的角色，
> 是伙伴而不是裁判。

我们听说过很多关于克服不安全感和自我贬损的技巧，以及如何获得自信和内心平静的方法。但是这些建议提供者很少论及人类原则的根基或者生活的规律和计划。自我疏离是人际关系崩塌的根本原因。

统合综效会开创性地带来前所未有的解决方法。

这个方法需要带着深切的情感去倾听，

需要拥有强大的勇气，

才能用尊重对方想法的方式表达自己的意见。

真正的统合综效，来自真诚交流所带来的洞见和相互学习。

协同力不能强加于人或靠外力实现，

而是自然而然源自于彼此关系的质量。

人们处于友谊、信任和爱的环境中，才能众志成城。

作为人与人之间关系的学习者,

这一课再一次尝试让我们发展通情达理的品质。

这种能力,就是让我们站在他人的视角看待这个世界。

别再抱以被动接受的态度。

这将创造出一种氛围,

大家都会听取有建设性的批评,

因而获得成长和发展。

交流最大的障碍,就是总想要评判或教育对方。

而这个交流过程最好的出路,就是学会倾听,

带着理解倾听,

带着包容对方观点的态度倾听。

这样才会创造出爱和肯定的气氛。

尊重每个人,尤其是那些不可爱、不讨人喜欢、性格古怪、脱离主流的人,

用强有力和循循善诱的方式跟所有人交流,

用真诚的态度和充满爱意的关怀对待每一个人。

A Time
Conscious
Life

> 我们都需要
> 爱、理解和包容。

只是静静地和一个人呆在一起，花时间相处，探讨内在的价值观。

你的孩子通过观察你每天的生活就知道你是否珍惜时间。

倾听、理解、耐心相处、真诚友爱和考虑周全，都需要时间。

因此，交流时要表达出你发自内心地**重视对方**。

048 | A Time Conscious Life

明智的人际关系必须建立在
计划和准备的基础上。

我们不能贸然闯入别人的内心，

尤其是当对方情绪不好时，

别期待拥有平静和顺畅的沟通。

050 | A Time Conscious Life

耐心的倾听，是告诉对方
"我很重视你"的一种有力方式。

当我们花时间去理解和等待，

让对方感到我们确实明白，

其实，我们之间已经表达了很多：

- 我们在乎；

- 我们想理解；

- 我们尊重他们的表达；

- 我们给予对方尊严和价值感。

从一段已趋紧张的关系中寻求情感联系的重建或巩固，

唯一的方式，就是一对一的面对和解决，

走到那个人身边，寻求和解，聊一聊事情的始末，

道歉，原谅，以所有力所能及的方式。

052 | A Time Conscious Life

如果爱，请深爱，请博爱，
认可对方，帮助对方。
**要改变，要发展，
要成长。**

有些人认为，如果你成长了，
别人就会显得相形见绌，
这种想法真的很可笑。

<u>我坚定地认为如果你成长了，
为别人带来的是机遇与启迪。</u>

054 | A Time Conscious Life

我们所有人的一个最基本需求，就是社交需要，

我们需要归属感，需要表达友谊和爱的机会，

需要得到友谊和爱，

需要跟其他人联系，

需要在交往中得到认可。

我们享受人际交往。

我们享受能增进交往的机会。

我建议，在跟他人的交往中，尝试营造出认可别人的氛围。

接受对方本来的样子，

他们就可以不用在我们面前伪装自己。

056 | A Time Conscious Life

作为领导，
我们要定下基调。

第二章
自我管理

勇敢地接受自己，我们才能学会接受别人，
学会爱人，帮助他们认可自己。

**这样的态度具有强大的感染力，
令整个组织为之振奋，从而实现持久改进。**

爱，是世界上最伟大的事物，
正因为此，爱才能成为高效领导力的
核心和灵魂。

058

A Time
Conscious
Life

DATE

A Time
Conscious
Life

(3)

坚持学习

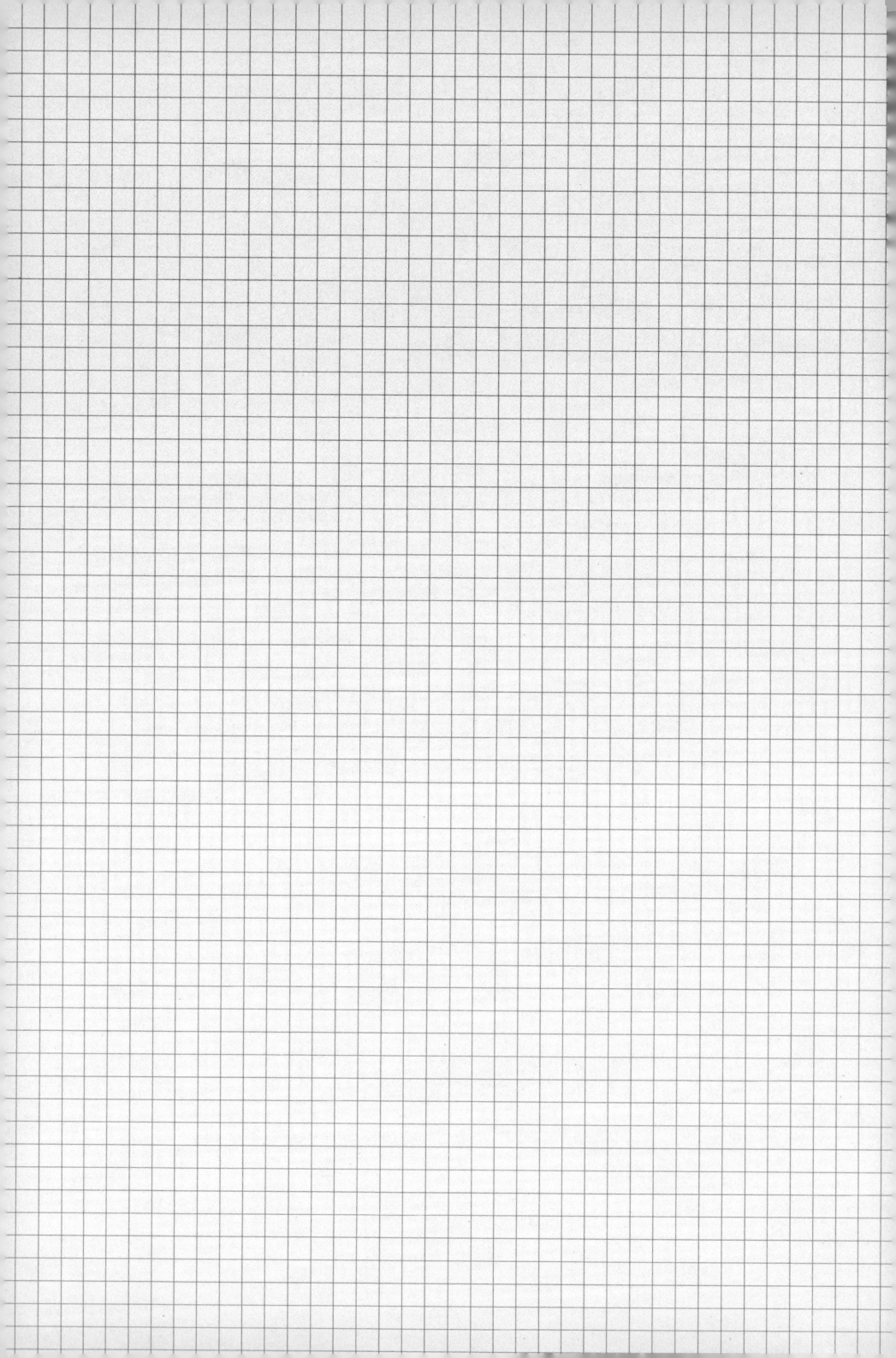

不断的学习和吸收会让你为未来的机会做好准备。

坚持学习会让一切尽在掌控，

即使出现经济状况上的波动也能应对。

但是如果你不再继续学习，

或者是放弃学习，尤其在你职业生涯至关重要的阶段，

你将很快被淘汰。

人们一定要承担自己的责任，

不断更新知识和技能，

精进计算机和先进电子科技的使用，

广泛阅读，

对于所处环境中运作事物的强大力量，要有所了解。

除了紧跟世界科技发展趋势，

可能还需要接受或重新接受人文科学和艺术科学的教育，

因为艺术和科学会塑造坚持学习的思维能力。

当我们谈论学习和能力时，

通常想到的就是动手能力和思考能力。

我们很少考虑社交能力，

这是需要双赢思维和品德优势才能具备的能力。

然而，如果一个人想要得到有意义且长远的改变，

或真正的改善,

这个人需要培养相互依赖、双赢思维和统合综效的能力,

更需要正直、成熟和强大的内心。

064 | A Time Conscious Life

第三章
坚持学习

我要说的是，除了工作之外，
我们都有一份道义上的职责：
学习和进步。

终生学习并不仅是为了在大赛和项目中拔得头筹，
为了获得学历、学位或者各种资格证书，
而是更多地体现于每天简短的学习会
和并不频繁的在职培训。

066 | A Time Conscious Life

生活的平衡原则，
是坚持学习的关键。

我建议大家：在个人发展和企业发展之间找到平衡；

在当前工作需要和未来需求之间找到平衡；

在与行业相关的学习和通识教育之间找到平衡。

确保使用系统的方法，

根据生活和工作上的反馈，制定计划。

这种学习，应该是理论与实践相结合，

人文类和科学类并重。

068 | A Time Conscious Life

> 学习和进步都是受到一种欲望的驱使,
> 那就是想要更好地做出贡献。

> 安稳来自
> 不断学习的力量。

除非人们不断学习、改变、成长，

不断进步以适应市场的变化，

否则没有绝对的安稳。

070 | A Time Conscious Life

第三章
坚持学习

学会一件事最好的方式就是
把它教给别人。

几乎人人都知道这个原则,它是个浅显的事理。
不过在商业领域却很少有人用到这个原则,
连教育领域都十分少见。
我在职业培训和发展领域学会的一件最重要的事情是:
把你学会的东西教给别人。

我经常劝告那些希望把工作做得更好的人,

多一些主动性;

接受特长和能力测试;

学习行业相关知识,

对于他们感兴趣的企业,

可以把企业面临的问题进行分类,

然后制作一份高效率的演讲材料,

展示出他们有能力帮助企业解决问题。

我把这称为"方法销售",这是获得商业成功的关键。

很多人守株待兔,或者等别人过来关注他们。

但是，找到好工作的人都是解决问题的高手，而不是自身就是问题。

他们会积极主动地做一切必要的事情，

自始至终坚持正确原则，出色完成工作。

你还要学习新技能，去滋养真正可以长久的关系，以及自带免疫系统的关系，

这样的关系基于移情思考和勇于表达，以及统合综效、志存高远，从而令你远离职位交易和办公室政治。

074 | A Time Conscious Life

好奇心推动领导力的提升，

因为好奇心促使你学习，

帮助你认识到还有很多不懂的事情。

学习不同语言、文化、习俗
和各种优秀做法,
有一条附加好处,
就是让你变得谦虚,可以言传身教。

无论出于什么原因,

谦逊做人和不断学习都是好的。

第三章　坚持学习 | 077

我们需要进步，
从当下开始，
而不是从我们应该出发的地方开始，
或者从别人所在的地方开始，
甚至从别人认为我们应该
出发的地方开始。

每天做一次引体向上,一个月可以做30次。

与此类似,任何一点进步,都可以从一点一滴开始积累,比如:

- 多一点耐心;

- 多一点理解;

- 多一点勇气。

因而我的能力通过每天的努力和约束慢慢加强。

即便每份工作都会有单调枯燥或困顿不前的时候,

所有人也都有足够的机会在生活中的某个地点、某个时候,

去拓展我们的兴趣,提升我们的知识水平,增强我们的能力。

积极参与其中，获得更大益处。

简言之，**要全身心投入。**

继续教育的主要目的是增加知识吗？

我不这么认为。

知识的海洋广阔无垠，

一个人即使穷尽一生也不可能追寻到尽头。

如果不是为了知识，那会是为了什么呢？

为了保持思维活跃，为了更新自己，为了学会如何学习、如何适应、如何改变，以及如何接受不能改变的事情。

080 | A Time Conscious Life

第三章
坚持学习

除非我们直面现状，
否则，我们不能有所进步。

因此，教育的起点就是意识到
自己的无知。

如果我们被认可、被爱,

我们的防备心就会逐渐消融,

容易受到激励和影响,

积极准备学习知识,发表独到见解,批判性地思考,改变和寻求发展。

A Time
Conscious
Life

4

改变思维定式

第四章
改变
思维定式

085

> 预测未来最好的方法
> 就是创造未来。

086 | A Time Conscious Life

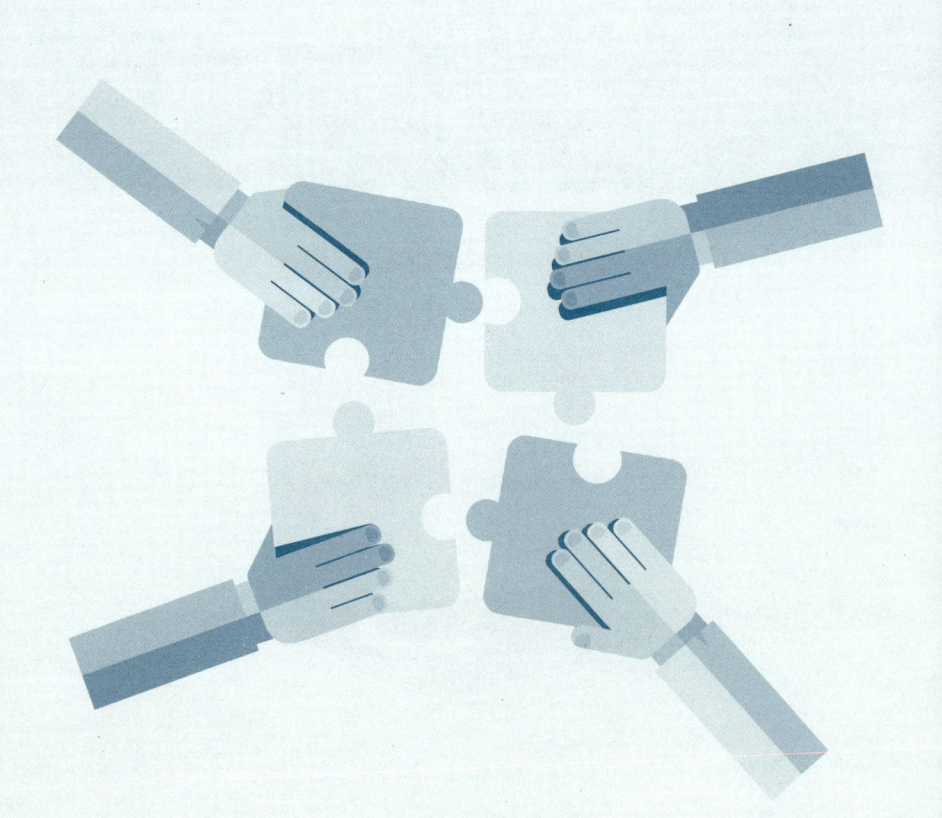

第四章
改变
思维定式

获得快乐的关键,
是跳出狭隘的自我观念,
和大家同心协力,
热爱富有意义的共同愿景和使命。

A Time
Conscious
Life

我领悟到，一生中可以完成的宏伟计划少之又少，我们的服务和贡献，反映了几代人愿景的延续。

第四章
改变
思维定式

089

> 改变世界最好的方法就是改变你的头脑,
> 改变你的思维和认知。

090 | A Time Conscious Life

请记住,

你所看到的世界是你头脑里的样子,

而不是它真实的样子。

你自己绘制了属于自己的世界地图。

一个人的为人比他说了或做了什么有说服力得多。

一个人的品格会默默地却又精确地传达信息。

这是一种持续的反应。

尽管不能用言语道清,

但是人们仍然可以对此表示理解和感同身受,从而接受和回应。

092 | A Time Conscious Life

第四章
改变思维定式

为了攀爬所谓的成功阶梯而忽略家人的人，
当他们意识到这副梯子倚靠得并不牢固，
为时已晚。

没有一个人，
会在临终的病榻上，
希望能再多工作一会儿。

来到我们这里参加领导力研讨培训的人，
希望能在职场上得到帮助的主要目的，
是为了能在回到家时，
把更多的注意力放到家人身上。

094 | A Time Conscious Life

影响力最高的表现形式，
是成为楷模，
而不是批评家。
引导，而不是评判。

第四章
改变
思维定式

DATE

096 | A Time Conscious Life

第四章
改变
思维定式

家长可以教给孩子一些具体的事情：
<u>责任、尊重、美德、顺应和工作，</u>
以及其他原则。

但是为人父母，
首先必须把履行父母的职责作为首要任务，
愿意付出自己最好的时光，贡献最好的想法，
持之以恒、充满热情地投入到这项工作中。

品德的培养没有捷径。
制衡一切的只有一条铁律，
收获的自然规律：
<u>种瓜得瓜，种豆得豆。</u>

098 | A Time Conscious Life

言传身教。

我们在工作时，

用到的方法包括详细地规划，

利用最好的体系，

细致认真地记录，

花时间分析各种问题……

但是，培养子女的品德时，

我们从未想过要认真分析、规划和记录，

没有使用任何明智的体系。

100 | A Time Conscious Life

"最好"的敌人通常是"还行"。

坚毅忍耐，再走一公里，

成为一个服务型的领导者，都源于我们要实现的最终目标。

目之所及乃心之所系。

如果人们要实现一件宏伟的事情，

又同时具备完成这件事的品质，

我们就会发现他们身上具备的能力。

我们得到有勇气的人分享的反馈。

我们不会对做出反馈的人勃然大怒。

与此相反，

我们会表现出认同，

谦逊地感谢，然后说：

"我需要改进和修正。"

102 | A Time Conscious Life

我该如何反应？

第四章
改变
思维定式

某一天,我在一张报纸的一则社论中读到了以下信息:
我和一位贵族朋友走到报亭去买报纸。
之后,我们礼貌地向报亭的工作人员道谢。
但是对方听后什么都没说。
"真是一个沉默寡言的人,是吧?"我评论说。
"是的,他每天晚上都这样。"我的朋友回答道。
"好吧,那为什么你还坚持友好和善地回应他?"我问道。
"有什么理由不这样做呢?"他回答,
"我为什么要让他决定我该怎么反应?"
这位男士的生活中,最关键的一点就是他内心有足够的安全感,
不会因为外界的态度影响他自己的态度。

如果我们深信人类尊严的信条,

对此抱有信念并依此行事,

　我们在实现这些伟大目标的时候,就会释放出巨大的正能量。

对我而言，这是一大挑战和问题，

我想，我们都能通过努力改善而获得成功。

飞速流转的时光

Keystone能源集团的总裁海泽·奥利里,是美国前能源部部长,

有一次,她告诉我一个关于"飞速流转的时光"的故事,是一个非常感人的故事。

十多年前,她的丈夫突然去世。

她的丈夫在身体、意志和精神上都曾经非常活跃。

第四章
改变思维定式

她和家人对这个噩耗都没有任何心理准备,
很难从这种突然失去至亲的痛苦中恢复。
就在他去世之前,他们刚刚建好一座新房子。
庭院是他们一起设计的,
但是现在只能由她独自完成。
清除杂草、种植花草、修剪树木,
房子的每一个角落都需要清理。
我的朋友带着热情挖地和清扫杂物。
她种下花草,浇水施肥。
渐渐地,觉得自己在不断自愈。
花草树木开始生长,
这时的她简直是着迷地看着这一切。
意识到这些生物正在教授她生老病死、成长和重生,还有飞速流转的时光。
慢慢地,她明白了。
生命是一个轮回,
死亡是其中重要的一环。

在脑海里想象一下你80岁生日的光景。

想象在场的人的面孔,前来祝福你的亲友的面孔。

你最爱的人们围绕在桌边,欢歌笑语,大家都享受这欢聚。

所有的人前来恭贺你,表达他们此刻的心情,

举杯庆祝这美好的一生。

设想你就是人们恭祝的主角,是谈论的焦点。

你希望人们对于你和你的一生作何评价?

你希望别人对你的品德和贡献作何评价?

认真思考以下问题：你希望别人记住你的哪些成就，你希望这些成就给别人的生活带来什么影响？

从今往后，头脑里都要有一幅清晰的画面：想象自己80岁生日的场景。你能在那个场景里找到你对成功的真正定义。

你希望能留下什么样的遗产？

110 | A Time Conscious Life

一幅杰作

第四章
改变
思维定式

如果生活是一幅画，
你是一位艺术家，你想怎么绘制生活？

你会画一幅自己的肖像吗，

还是会画你最爱的人？

你怎么描绘自己最热衷的愿望？

其他人看到你的画作，他们会记住什么？

这就是你的人生，让它成为一件杰作。

当你问自己下面这个问题的时候，我邀请你探索自己的内心：

我要留下什么样的遗产？

这种探索常常会激发再创造、创新和重构，因为在这个过程中你会意识到想要获得真正的成长，必须付出代价。

十分钟
日志

精要主义执行手册

A Time Conscious Life

在本书的卷首语，提出了一个挑战：

这不是一本仅供阅读的书，而是一本用于践行与体验的书。

请别在忙碌的高速路上狂飙，

止住疾驰的车轮，

不再把忙碌这个标签擦得锃亮。

停下来想一想：我怎么能做得更好？

现在你就在选择的岔路口。

此刻你完全可以开始应用史蒂芬·柯维博士道出的至理名言。

因为阅读了书中内容，头脑里已经碰撞出一些思想火花。

这份个人日志的目的，是不要让这些想法付诸东流，

不要让这些火花一闪而过，

要让它们燃成熊熊之火。

这份个人日志需要努力书写。

你是不是已经望而却步？

这不是挑战头脑的工作，不是有压力的工作，更不是辛苦的工作。

你在使用这份个人日志的时候，

会引发改变。

可以改变一切。

正如之前所说，奇迹可以发生。

你可以过上清醒规划时间的生活，然后：

- 花时间去生活；

- 花时间去爱；

- 花时间去学习；

- 这之后，花时间创造财富。

在这份日志里，针对每个主题都设置了相应的问题。

我们为你回答每个问题留下了空白。

但是你完全可以在后面的每日工作记录里写下答案，这样就有机会扩展想法，

A Time Conscious Life

让思想的火焰燃烧得更旺。准备好了吗？

太好了！因为我们生来如此！

积极行动

只有你才能做的重要工作是什么？

你对这项工作给予足够的时间和重视了吗？

如果没有，

你该做出哪些改变确保这项工作不会半途而废？

_____

_____

_____

_____

_____

_____

如果品德是你行事的基础，你怎样才会对自己做人的基础感到满意？

这个基础的哪些原则和组成部分让你感到自豪？

有没有一些裂痕是你希望修补的?

如果有,这些裂痕是什么?你的计划是什么?

_____

_____

_____

_____

你能想出本周你积极主动做的一件事情吗?

这件事给你这周的生活带来什么影响?

积极主动会给你生活的其他方面带来什么变化?

你有什么计划?

_____

_____

_____

_____

A Time Conscious Life

解释一下,把自己跟他人做比较会带来什么危害。

_____
_____
_____
_____
_____

思考柯维博士的这句话:

"我们需要自尊,自尊就是诚实面对自己,就是无论我们如何表现、观点怎样,都依然爱自己、尊重自己。"

记录你在培养自尊的感觉时达到的水平。

_____
_____
_____
_____
_____

自我管理

思考柯维博士的话：

"我们跟别人友好相处的能力，会从我们跟自己的相处中自然而然地表现出来，从我们内在的平静与和谐中流露出来。"

你跟自己的对话是什么？你怎么改进这种对话？

你用什么方式才会对自己友善一些？

_____

_____

_____

_____

谁会无条件地爱你？你有什么感受？

写下一个你认为会无条件爱你的人。

写下你对这个人的感觉。

你的生活中有没有谁是因为你无条件的爱而受益的？

描述一个你受到冒犯的场景。

思考你当时的反应和后果。

你能描述一个不同的场景吗？

你能不能采取别的行动，带来更好的结果？

倾听是你的一个长处吗?

记录一次你带着同理心倾听别人的经历。

这次经历怎么影响你和那个人之间的关系?

_____
_____
_____
_____
_____

考虑一段耗费你时间最长的关系。

你最重视的关系是不是得到你最好的时间?

你做的哪些事是对的?

你准备做哪些改善?

坚持学习

描述一下:你怎样坚持学习?

你擅长做什么事?

A Time Conscious Life

接下来你想做什么？

你的学习计划是平衡的吗？

解释一下你如何平衡个人生活和工作、学习。

如果感到并不平衡，你能做出什么改变？

思考柯维博士的话：

"学习和进步都是受到一种欲望的驱使，那就是想要更好地做出贡献。"

解释为什么特殊的动力很重要。

_____
_____
_____
_____

柯维博士说学习可以让人变得谦虚，言传身教。

但是与此恰恰相反的事情也会发生。

你认为为什么会产生这种差异？

_____
_____
_____
_____

如果最好的学习方式就是教授别人，

在你的专业领域，你怎么找到更多机会教授别人？

在你的社区里呢？在你家呢？

你最大的贡献是什么？

改变思维定式

把梯子倚靠在错误的墙壁上，你认为这句话是什么意思？

你最近有没有移动过梯子?

你需要移动梯子吗?

为什么?

_____
_____
_____
_____
_____

  描述一下在职场中、社区和家里,你怎么引导而不是评判别人。

_____
_____
_____
_____
_____
_____

读到庆祝80岁生日的故事时,你头脑里有什么想法?

给故事里提到的每个问题想出答案,并写下来。

_____
_____
_____
_____
_____

如果把你的生活比作一幅画的话,思考一下那个画面。

你会画什么?创造出这幅杰作,列出你准备采取的步骤,你会使用的工具。

_____
_____
_____
_____
_____

你会画什么？

128 | A Time Conscious Life

一 年 计 划

	一月	二月	三月	四月	五月	六月
01						
02						
03						
04						
05						
06						
07						
08						
09						
10						
11						
12						
13						
14						
15						
16						
17						
18						
19						
20						
21						
22						
23						
24						
25						
26						
27						
28						
29						
30						
31						

七月	八月	九月	十月	十一月	十二月	
						01
						02
						03
						04
						05
						06
						07
						08
						09
						10
						11
						12
						13
						14
						15
						16
						17
						18
						19
						20
						21
						22
						23
						24
						25
						26
						27
						28
						29
						30
						31

130 | A Time Conscious Life

月 计 划

我 的 清 单

周日	周一	周二	周三	周四	周五	周六

检查清单

周报	第1周 ☐	第2周 ☐	第3周 ☐	第4周 ☐
进度				
结果				
问题				
团队				
学习/会议				

大事记

_____
_____
_____
_____
_____

备注

132 A Time Conscious Life

周计划

01 02 03 04 05 06 07

工作目标	
关键任务	
生活重要事项	

时间安排		紧急	不紧急
	重要		
	不重要	紧急	不紧急

完成情况	进度/速度	结果/质量	评价/客观数据

问题/原因	
体会/感悟	
上报要点	

自我评分	分数（十分计）	关键词

待解决问题备忘	

做出承诺

效 能 (★★★★★)	本 周 焦 点
	周一 …………………………………………………… ………………………………………………………
	周二 …………………………………………………… ………………………………………………………
	周三 …………………………………………………… ………………………………………………………
	周四 …………………………………………………… ………………………………………………………
	周五 …………………………………………………… ………………………………………………………
	周六 …………………………………………………… ………………………………………………………
	周日 …………………………………………………… ………………………………………………………

一天一问/感受变化中的自己

134 A Time Conscious Life

会议 / 团队讨论

日期	主题	参会人员	地点	解决问题	设备工具

注意事项

会议纪要

突出成效/结论

我的角色/任务

突发紧急会议

学习分享会 / 内部培训

主　题	
内容精要	
最有价值/ 最受触动的话	
学习手记	
付诸行动	

五分钟项目计划

项目名称：　　　　　　　　　项目领导：
开始日期：　　　　　　　　　预计截止日期：

项目的目标是什么？

项目的预期成果是什么？
1.
2.
3.
4.
5.
6.

项目对于组织的工作重点有何积极影响？

主要的利益相关者是谁？他们的需求是什么？

利益相关者	需求

时间、成本、质量，哪个因素最重要？为什么？

预算如何？

我们需要什么资源来完成此项目（人力、设备、材料、设施）？

备 注

协作增效的第三种解决方案

特写视野
（每日前瞻）
紧迫
感觉到的需要
任务和活动
下一步

视野广角
（构想和使命）
长期重要性
基本需要
方向
全景

正常视野
（一周前瞻）
联系：
具长期重要性的紧迫事务
感觉到的基本需要
有方向的任务和活动
全景背景下的下一步

时间管理矩阵

	紧急	不紧急
重要	**I** 危机 迫切问题 在限定时间内必须完成的任务	**II** 预防性措施、培育产能的活动 建立关系 明确新的发展机会 制定计划和休闲
不重要	**III** 接待访客、某些电话 某些信件、某些报告 某些会议 迫切需要解决的事务 公共活动	**IV** 琐碎忙碌的工作 某些信件 某些电话 消磨时间的活动 令人愉快的活动

◆ 画一个时间管理的矩阵，按照百分比将你的时间分配给每一类事务。然后以十五分钟为计时单位连续记录三天自己的日常活动。对照一下自己的计划，看是否有很大的出入。你对自己这样使用时间感到满意吗？你认为需要做哪些改变呢？

140 | A Time Conscious Life

如果你完成了任务，在这里贴一颗"成就之星"，并填写下面的表扬辞。

完成

你是纪录打破者

兹证明

在这里写你的名字

写下你打破纪录的日期

写下你打破纪录的详细过程，包括哪个项目，怎么打破的

我的下一个打破纪录目标

完成

如果你完成了项目任务,可以在这里贴一颗"成就之星",并填写下面的角色表扬辞。

我在团队中的角色

这个项目还在进行中吗? □ 是
□ 否

项目名称是什么?
_____

你最喜欢的搭档是谁?
_____

你什么时候加入项目的?
_____

你在项目中是骨干成员吗? □ 是

为自己在项目中的工作打分

满意   合格   继续努力

你想继续完成这个项目吗? □ 是

领导或同事对你工作哪方面表示认同?
_____

你希望增加在项目中的工作量吗?

你还愿意承担哪个角色?
_____

给你自己在项目中的角色取个昵称:
_____

你还愿意参加哪个项目?
_____

品 牌 故 事

三十多年前，当Stephen R. Covey和Hyrum Smith还在各自领域开展研究，以帮助个人和组织提高效能时，他们都注意到一个问题——人的因素。专研领导力发展的Stephen发现，志向远大的个人往往违背其所渴望成功所依托的根本性原则，却期望改变环境、结果或合作伙伴，而非改变自我。无独有偶，专研生产力的Hyrum发现，制订重要目标时，人们对实现目标所需的原则、专业知识、流程和工具却所知甚少。

Stephen和Hyrum都意识到，解决问题的根源在于帮助人们改变行为模式。经过多年的测试、研究和经验积累，他们同时了解到，持续性的行为变革不仅仅需要教育，还需要个人和组织采取全新的思维方式，掌握和实践更好的全新行为模式，直至习惯养成为止。Stephen在其著作《高效能人士的七个习惯》中公布了其研究结果，该书现已成为世界上最具影响力的图书之一。在Franklin规划系统（Franklin Planning System）的基础上，Hyrum创建了一种基于结果的规划方法，该方法风靡全球，并从根本上改变了个人和组织增加生产力的方式。他们还分别创建了Covey领导力中心和FranklinQuest公司，旨在扩大其全球影响力。1997年，上述两个组织合并，由此诞生了如今的富兰克林柯维公司（FranklinCovey, NYSE: FC）。

如今，富兰克林柯维公司已成为帮助组织提升绩效的全球领导者，而提升绩效需要人类行为的持续性变革，这往往也是组织所面临的最大挑战。一旦变革成功，将成为最持久的竞争优势。对于组织而言，宣布一项战略是一回事，而重塑员工行为和组织文化以成功执行该战略却又是另外一回事。建立在Stephen和Hyrum对领导力和生产力的研究基础上，富兰克林柯维公司发挥其广博的专业性知识来帮助组织在多个关键领域实现持续性的行为变革，包括领导力、执行力、个人效能、信任、销售绩效、客户忠诚度和教育。

结果如何？我们的客户成功创建了优秀组织文化，其主要特征表现为：员工高效且善于合作；领导者高效且善于构建信任，具备卓越的执行力，能够为所有利益关系人创造显著提升的绩效。这样的文化最终演化为组织的终极竞争优势。

富兰克林柯维公司足迹遍布全球160多个国家，拥有超过2000名员工，共同致力于同一个使命：帮助世界各地的员工和组织成就卓越。本着坚定不移的原则，基于业已验证的实践基础，我们为客户提供知识、工具、方法、培训和思维领导力。富兰克林柯维公司的客户包括90%的财富100强公司、75%以上的财富500强公司，以及数千家中小型企业和诸多政府机构和教育机构。

我们的终极目标是帮助个人和组织在绩效上实现渐进型量变和变革型质变。我们在此向全球数以万计的客户表达衷心的感谢，谢谢他们给我们机会帮助其实现伟大目标。

富兰克林柯维公司的备受赞誉的知识体系和学习经验充分体现在一系列的培训咨询产品中，并且可以根据组织和个人的需求定制。富兰克林柯维公司拥有经验丰富的顾问和讲师团队，能够将我们的产品内容和服务定制化，以满足您的语言和文化需求。

富兰克林柯维公司自1996年进入中国，目前在北京、上海、广州、深圳设有分公司。

www.franklincovey.com.cn

更多详细信息请联系我们：

北京　朝阳区光华路1号北京嘉里中心写字楼南楼24层2418&2430室
　　　电话：(8610)8529 6928
　　　邮箱：marketingbj@franklincoveychina.cn

上海　黄浦区淮海中路381号上海中环广场28楼2825室
　　　电话：(8621)6391 5888
　　　邮箱：marketingsh@franklincoveychina.cn

广州　天河区华夏路26号雅居乐中心31楼F08室
　　　电话：(8620)8558 1860
　　　邮箱：marketinggz@franklincoveychina.cn

深圳　福田区福华三路与金田路交汇处鼎和大厦22层D16室
　　　电话：(86755)2337 3806
　　　邮箱：marketingsz@franklincoveychina.cn

富兰克林柯维公司在中国提供的解决方案包括：

I. 领导力：

THE 7 HABITS of Highly Effective People® SIGNATURE EDITION 4.0	高效能人士的七个习惯®（标准版）	The 7 Habits of Highly Effective People®
THE 7 HABITS of Highly Effective People® FOUNDATIONS	高效能人士的七个习惯®（基础版）	The 7 Habits of Highly Effective People®: Foundations
THE 7 HABITS FOR Managers ESSENTIAL SKILLS AND TOOLS FOR LEADING TEAMS	高效能经理的七个习惯®	The 7 Habits® for Manager
THE 7 HABITS Leader Implementation COACHING YOUR TEAM TO HIGHER PERFORMANCE	领导者实践七个习惯® 辅导您的团队实现高绩效	The 7 Habits® Leader Implementation COACHING YOUR TEAM TO HIGHER PERFORMANCE
The 4 Essential Roles of LEADERSHIP™	卓越领导4大天职™	The 4 Essential Roles of LEADERSHIP™
THE 6 CRITICAL PRACTICES FOR LEADING A TEAM	领导团队6关键™	The 6 Critical Practices For Leading A Team™
Find Out WHY™ THE KEY TO SUCCESSFUL INNOVATION	找到原因™：成功创新的关键	Find Out Why™: The Key to Successful Innovation

Building Business Acumen™	CEO希望你知道的事：培养商业敏感度™	What the CEO Wants You to Know: Building Business Acumen ™

II. 执行力：

The 4 Disciplines of Execution	高效执行四原则™	The 4 Disciplines of Execution®

III. 个人效能：

THE 5 CHOICES to extraordinary productivity	激发个人效能的五个选择™	The 5 Choices to Extraordinary Productivity®
PROJECT MANAGEMENT ESSENTIALS — For the Unofficial Project Manager	项目管理精华™——给非职业项目经理人的项目管理书	Project Management Essentials for the Unofficial Project Manager ™
Presentation Advantage — TOOLS FOR HIGHLY EFFECTIVE COMMUNICATION	高级商务演示技巧™	Presentation Advantage®
Writing Advantage — TOOLS FOR HIGHLY EFFECTIVE COMMUNICATION	高级商务写作™	Writing Advantage®

IV. 信任：

Leading at the SPEED OF TRUST	信任的速度™（经理版）	Leading at the Speed of Trust®
SPEED OF TRUST FOUNDATIONS	信任的速度™（基础版）	Speed of Trust®: Foundations

V. 销售绩效：

HELPING CLIENTS SUCCEED	帮助客户成功™ 填充销售管道 筛选商业机会 达成双赢交易	Helping Clients Succeed®

VI. 客户忠诚度

LEADING CUSTOMER LOYALTY — Engaging Your Team to Win the Heart of Every Customer	引领客户忠诚度™	Leading Customer Loyalty™